BIBLIOTHÈQUE ARTISTIQUE.

L'AQUARELLE

EN

SIX LEÇONS.

PAR

R. DE LASALLE.

> Le dessin est un des plus excellents ouvrages de l'esprit.... Il n'y a donc rien que l'homme doive plus cultiver.
>
> BOSSUET.

PRIX : 1 FRANC.

PARIS.
DESLOGES, LIBRAIRE, 4, RUE CROIX-DES-PETITS-CHAMPS.
1856

TABLEAU DES COULEURS NÉCESSAIRES A L'AQUARELLE.

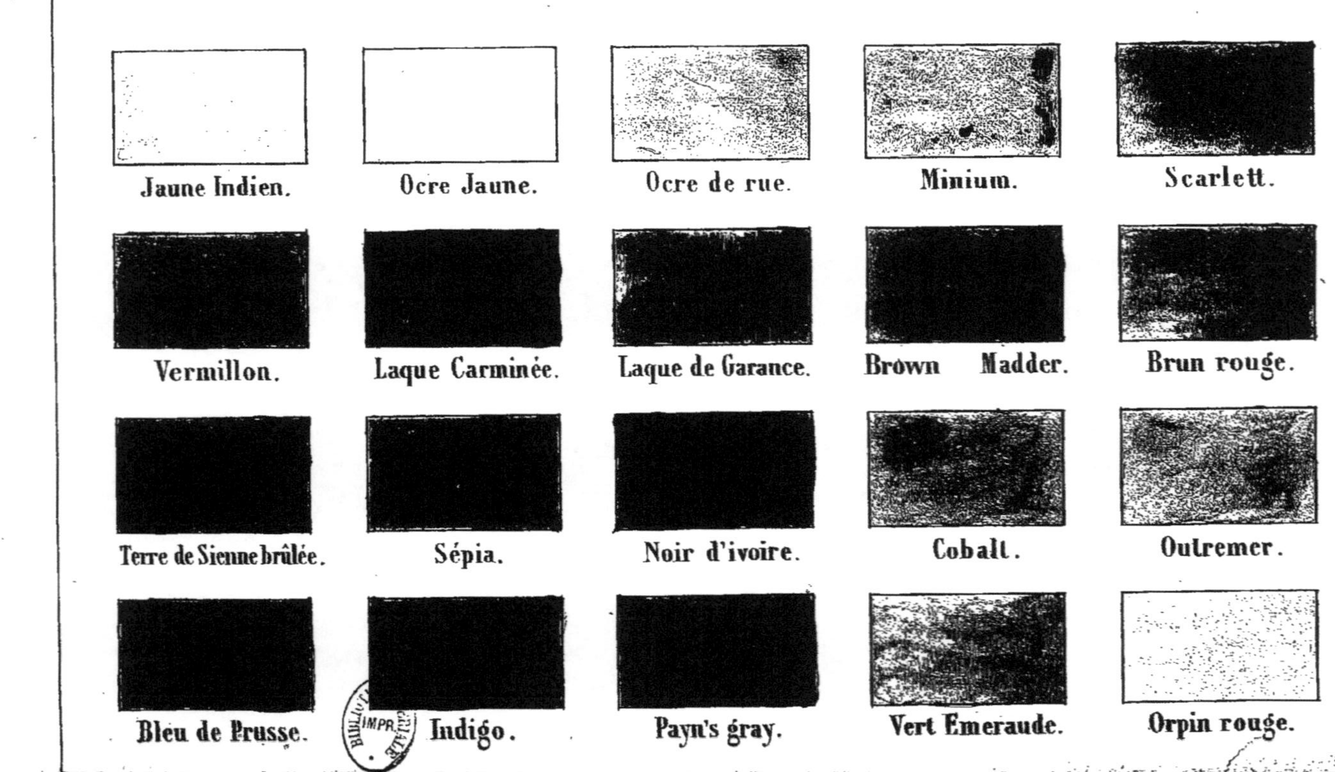

L'AQUARELLE

EN

SIX LEÇONS.

PAR

R. DE LASALLE.

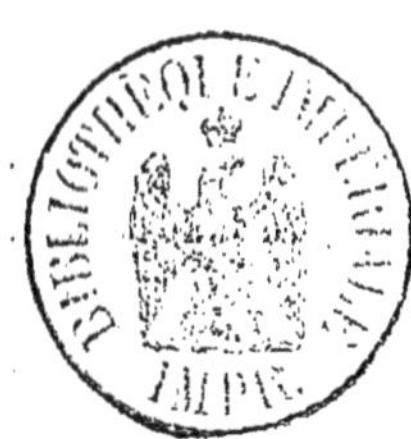

Le dessin est un des plus excellents ouvrages de l'esprit.... Il n'y a donc rien que l'homme doive plus cultiver.

BOSSUET.

PARIS.
DESLOGES, LIBRAIRE, 4, RUE CROIX-DES-PETITS-CHAMPS.

1856

Paris. — Impr. de Pommeret et Moreau, quai des Augustins, 17

L'AQUARELLE SIMPLIFIÉE.

DES AVANTAGES DE L'AQUARELLE. — DES ARTISTES QUI SE SONT DISTINGUÉS DANS CE GENRE.

La peinture à l'aquarelle en est arrivée à un degré de perfection que les artistes futurs auront peine à surpasser, et il y a certes bien loin de celles que nous a laissées Nicolle dans le siècle dernier, et dont on retrouve encore de temps à autre quelques spécimens appâlis, à l'aquarelle telle que la comprennent les aquarellistes anglais et les nôtres, à l'heure où nous écrivons ces lignes.

C'est qu'en effet l'aquarelle, dans son début, n'était qu'un lavis aux teintes légèrement étendues, sans vigueur, sans chaleur, semblable, en sa façon, aux plans d'architecture et aux cartes géographiques, et d'une valeur artistique tout à fait négative, tandis que maintenant elle est devenue la rivale de la peinture à l'huile, qu'elle égale parfois en vigueur et qu'elle surpasse souvent en finesse.

Les ciels vaporeux, les eaux transparentes, les profils énergiques d'une végétation puissante, se détachant sur des horizons lointains, elle rend tout avec un égal bonheur.

Parmi les Anglais, Bonnington, Wild, Fielding, Cattermoole; en France, Roqueplan, les deux Johannot, Isabey, Ciceri, A. de Dreux, Ad. Midy, A. Lacroix, Hubert, Siméon Fort et *tutti quanti*, ont porté l'aquarelle à un degré tellement supérieur, que l'on ne peut plus guère espérer de l'élever plus haut.

C'est, du reste, un genre de peinture qui convient mieux que tout autre aux amateurs, en raison du peu d'attirail qu'il comporte. S'agit-il, en effet, d'aller s'établir momentanément à la campagne? veut-on prendre un point de vue, travailler en plein air? est-il question de s'installer dans un salon pour y prendre séance et faire un portrait demandé? Un portefeuille à gousset, de médiocre dimension, contient le stirator, le papier, la palette et encore la boîte à couleur.

Si l'on doit travailler dans l'intérieur de la maison, deux verres viennent compléter les objets nécessaires; si c'est dehors, il suffit d'emporter une petite bouteille pleine d'eau, avec un double godet en fer-blanc.

Pour une femme surtout, l'aquarelle a des avantages réels en dehors de ses résultats : là, point d'odeur d'huile rance, point d'essence de térébenthine portant à la tête, point de risque de se tacher, qui impose la nécessité de bouts de manches et d'un tablier, deux choses assez maussades dès qu'on travaille hors de l'atelier, et fort peu gracieuses à produire aux regards.

Nous ne devons pas dissimuler néanmoins que ce genre de peinture comporte de grandes difficultés : contrairement à l'huile, où les lumières s'empâtent avec du blanc et peuvent se rattraper après coup, les lumières de l'aquarelle doivent être réservées, en sorte qu'il est nécessaire de veiller sans cesse sur son ébauche pour ménager les effets que des teintes trop lourdes pourraient détruire.

Quant aux parties vigoureuses de l'aquarelle, on ne saurait les obtenir que par des teintes superposées et composées de manière à ce que, dans l'ombre la plus obscure, il existe une espèce de transparence qui la fasse s'harmoniser avec les parties chaudes et colorées des teintes et des lumières.

L'aquarelle n'est donc pas un genre dans lequel on puisse exceller sans de longues et sérieuses études ; et comment en serait-il autrement, puisqu'on peut y produire au jour, comme sur la toile, le talent du compositeur, du dessinateur et du coloriste, en y ajoutant la qualité d'une volonté persistante indispensable pour arriver à un résultat aussi complet, avec des ressources beaucoup moindres que celles qui existent dans les autres genres.

PREMIÈRE LEÇON.

DES OBJETS NÉCESSAIRES :

Un assortiment de couleurs Newman;
Une douzaine de feuilles de papier Whatman;
Deux douzaines papier ordinaire, raisin;
Un petit et un grand stirator;
Deux planchettes quart, et demi-raisin;
Deux éponges très-fines;
Un morceau de colle à bouche;
Une douzaine de pinceaux assortis;
Une demi-douzaine de hampes;
Deux verres et leurs soucoupes;
Une palette en faïence;
Une bouteille de gomme;
Une pastille de blanc léger;
Une règle;
Une équerre;
Un canif;
Un morceau de gomme élastique;
Une douzaine de crayons Brockman ou Watson, n° 3.

CHOIX DU PAPIER.

Le papier Whatman, grain fin, est celui qu'on doit préférer pour l'exécution de l'aquarelle.

Il faut le choisir avec soin, de façon à ce qu'il ne contienne aucune petite tache de rouille, et le regarder en transparence pour s'assurer qu'il n'y existe aucun faible ou point blanc, car un manque de cette nature, s'il se trouvait dans une figure ou dans un ciel, vous ferait courir le risque de recommencer votre travail.

DE L'EMPLOI DU STIRATOR.

Le stirator est surtout nécessaire lorsqu'on veut peindre d'après nature, parce que si en voulant saisir un effet quelconque on en est mécontent, et si on souhaite le recommencer, il ne s'agit que de mouiller une nouvelle feuille à l'envers, de la poser bien carrément sur la toile du stirator, et de la pincer de manière à ce que, une fois la feuille séchée, elle soit parfaitement tendue.

EMPLOI DE LA PLANCHETTE, DE L'ÉPONGE ET DE LA COLLE A BOUCHE.

On prend de l'eau bien propre dans l'éponge qu'on presse légèrement, et, après avoir posé le carré de Whatman qu'on veut coller, sur une feuille de papier ordinaire, on en humecte l'envers et on la laisse se ressuyer quelques instants, pendant lesquels on coupe un morceau de papier ordinaire, moins grand d'un travers de doigt que celui qu'on vient de mouiller; on le place au milieu de la planchette, puis on prend la feuille humectée et on la pose bien carrément, l'envers sur le morceau de papier ordinaire, qui doit servir d'intermédiaire entre la planchette et le Whatman, afin d'éviter sous l'aquarelle la transparence du bois, transparence qui empêcherait de juger de la pureté et de la valeur des tons.

Pendant tous ces préparatifs, on a dû mettre la colle à bouche entre ses lèvres afin de l'amollir et de la rendre propre au service qu'on en attend. Il est temps alors de la glisser sous la feuille Whatman, en observant de coller d'abord les quatre coins, puis les quatre milieux ; pour cela on a dû préparer une petite bandelette de papier, pliée en double, qu'on fait courir sur le bord à mesure qu'on passe la colle en dessous, et pardessus laquelle on appuie en frottant ferme, soit avec un petit onglet en porphyre, dont quelques personnes se servent de préférence, soit, ce qui vaut mieux, avec l'ongle du pouce de la main droite, car il ne saurait y avoir, dans quelqu'instrument que ce puisse être, l'intelligence qui réside dans le toucher.

Deux observations sont à faire pour en finir avec le papier et le collage du papier : c'est, d'une part, que l'endroit de chaque feuille est le côté où se lit le nom du fabricant, et, de l'autre, que lorsqu'on humecte le papier, il faut le faire avec l'éponge pressée au préalable de façon à ce que la feuille ne soit mouillée que très-légèrement, sans quoi elle goderait de telle sorte, qu'on aurait mille difficultés à la coller bien carrément et comme elle doit l'être. Si la feuille de Whatman dont on se sert est coupée en deux ou en quatre, et qu'on emploie d'abord le coin où se trouve le nom, on doit marquer les morceaux qui restent d'un signe qui en fasse reconnaître l'endroit.

DU CHOIX DES PINCEAUX. — COMMENT IL FAUT S'Y PRENDRE POUR LES HAMPER.

Les pinceaux dont on se sert pour l'aquarelle sont en marte ou en petit-gris. Pour choisir un pinceau, il faut en mouiller le poil dans un verre d'eau, en ôter le trop plein, puis l'appuyer sur la paume de la main gauche, tandis qu'entre le pouce et l'index de la main droite on le fait rouler de manière à façonner le poil en une pointe parfaite.

Si, en cet état, cette pointe se montre peu fournie et trop amincie, le pinceau est mauvais, car, étant trop flexible, il ne saurait se relever lorsqu'il s'est courbé en se desséchant sur le papier.

Il faut se défier aussi d'un pinceau trop ventru, car, ayant le défaut de prendre trop de couleur, il est difficile de s'en rendre maître, et souvent il arrive que tandis que sa pointe étend la couleur où l'on veut qu'il y en ait, son ventre en met où il n'en faudrait pas, et déborde les contours qu'on doit ménager.

Enfin, si, en essayant sur la main la pointe d'un pinceau, quelques poils s'échappent du centre commun et s'en vont de çà et de là, il faut le mettre au rebut sans miséricorde.

Lorsqu'on veut hamper un pinceau, c'est-à-dire le monter après le petit bâtonnet appelé hampe, il faut d'abord le faire tremper dans un verre d'eau, et n'introduire la hampe dans le tuyau de plume que quand il est bien humecté; autrement la plume pourrait éclater et se fendre, et ce serait un pinceau perdu.

Les pinceaux doivent être emmanchés (ou hampés) deux à deux, l'un devant servir pour étendre la couleur, et l'autre pour la fondre; il faut les acheter assortis, de manière à ce que les plus gros puissent laver les ciels, les terrains, les draperies, tandis que les moyens indiqueront les ombres, les retouches, l'ébauche des chairs, et que les plus petits seront utilisés pour les travaux délicats et qui demandent de la précision et de la fermeté.

DE L'EMPLOI DES VERRES ET DES SOUCOUPES.

Pour ne pas se trouver forcé de changer son eau trop souvent, il faut avoir toujours un de ses verres qui ne serve qu'à contenir l'eau dont on délaie les tons sur la palette. Dans l'autre on lave les pinceaux, en ayant soin de les dégorger d'abord dans la soucoupe sur laquelle il est posé; de cette façon, on peut travailler une longue séance sans avoir besoin de se déranger.

DE LA PALETTE.

Les palettes les plus commodes sont de la forme d'un carré long, aussi grandes que possible. Les couleurs doivent y être délayées sur les côtés dans l'ordre où elles sont indiquées en tête de ce petit manuel. Le centre de la palette resté libre est réservé pour y opérer le mélange des teintes. Sous peine de se servir de tons sales et dénaturés, il faut la nettoyer chaque jour avant de s'en servir avec une éponge consacrée à cet usage; les tons frais surtout ont besoin de toute la pureté possible, car s'ils se trouvaient ternis ou rompus par le mélange des tons d'ombre, là où l'on aurait voulu mettre un ton lumineux, on n'aurait qu'une demi-teinte.

DEUXIÈME LEÇON.

DE L'ESQUISSE. — DE L'ÉBAUCHE DES SUJETS DE GENRE, D'INTÉRIEUR, DE MARINE ET DE PAYSAGE.

L'esquisse se fait avec un crayon mine de plomb n° 3; on peut en masser légèrement les ombres s'il s'agit d'un paysage, d'une marine ou d'un intérieur, mais on ne doit pas procéder de même s'il s'agit d'une figure, car en travaillant par dessus le crayon on en entraînerait assez dans les teintes pour les salir ou du moins pour en altérer la pureté.

On doit mettre aussi beaucoup de soin pour faire disparaître les faux traits que le crayon peut avoir laissés; on se sert pour cela de gomme élastique, de peaux de gants ou de mie de pain: ce dernier moyen est celui que nous préférons. Pour l'employer, on fait une petite boulette allongée, avec une parcelle de mie de pain rassis, très-propre, puis on enlève les faux traits en ayant soin de frotter légèrement pour ne pas altérer l'épiderme du papier.

Qu'il s'agisse d'une marine ou d'un paysage, c'est toujours par le ciel qu'on doit commencer. Les lointains doivent être attaqués en même temps que le ciel; de là on passe aux premiers plans, puis aux plans intermédiaires;

comme dans l'ébauche tout le travail doit marcher à la fois, et que les teintes se fondent et se perdent les unes dans les autres, il faut éviter avec soin tout mélange entre celles qui doivent se nuire; ainsi lorsque dans le ciel on a mis les tons bleus qui figurent la voûte et qu'on en arrive à masser les nuages lumineux qui viennent se découper dessus, il faut laisser sécher la première teinte avant de poser la seconde, afin d'éviter qu'en se rapprochant et en se fondant l'une dans l'autre, cette réunion ne forme une teinte verdâtre, suite naturelle du jaune et du bleu mélangés.

Les teintes employées pour l'ébauche doivent toujours être peu vigoureuses, puisque ce n'est qu'en revenant sur les tons primitifs qu'on peut obtenir de la transparence. Nous avons dit que les lumières se réservaient, ajoutons néanmoins que bon nombre d'artistes les couvrent entièrement en ébauchant, se réservant de les rattraper ensuite lorsque la teinte est encore humide. On emploie pour cela l'éponge ou bien un pinceau presque sec, ou bien encore un petit chiffon très-fin, derrière lequel on pose l'index et dont on se sert pour enlever la teinte primitive aux endroits qui doivent être lumineux.

Une des qualités de l'ébauche, c'est d'être faite largement, exécutée au premier coup et que les différentes valeurs de chaque plan et de chaque chose s'y trouvent bien observées.

L'ébauche une fois séchée, on doit revenir de nouveau sur les parties vigoureuses, en ayant soin de soutenir le ton qui perd toujours en séchant ; c'est surtout dans un paysage qu'il faut avoir soin de faire le décompte de cette déchéance de ton avant que de commencer les masses d'arbres ou les toits des fabriques qui doivent s'enlever en vigueur sur les fonds lumineux ou vaporeux, ou sur le ciel dont cette opposition ferait pâlir les tons brillants et lumineux si on ne les forçait un peu de façon à ce qu'ils puissent en tombant rester ce qu'ils doivent être réellement.

Il y a là encore une difficulté, mais c'est une de celles que l'habitude doit faire promptement disparaître.

Les arbres de premier plan doivent être plus ou moins arrêtés dans leurs contours, selon que les indique l'état de l'atmosphère, l'heure de la journée, les dispositions locales. Les détails de leurs masses verdoyantes demandent à être faits franchement, hardiment, dans le sentiment de dessin qui leur est propre, soit qu'on ait à rendre la feuille du chêne ou de l'orme, ou de tout autre arbre, puisque chacune présente aux yeux un caractère particulier dont il faut avoir fait une étude spéciale.

Quant aux groupes d'animaux ou defiguresdont s'enrichissent les marines et les paysages, après qu'ils ont été dessinés avec soin, il faut les réserver pour les faire en dernier. Quelques artistes aquarellistes passent par dessus sans les ménager, se réservant de les reprendre avec des tons gouachés, c'est-à-dire mélangés de blanc avec lesquels on ravive les lumières ; mais de pareils moyens détruisent, selon nous, la pureté, la transparence de l'aquarelle qui dégénère alors en un genre bâtard, car les artistes qui trouvent indifférent d'employer la gouache finissent presque toujours par en mettre un peu partout, ce qui dénature complétement l'aquarelle et lui ôte sa franchise et sa légèreté en lui substituant un aspect froid, lourd et plâtreux.

Les eaux, le ciel et les lointains doivent être ébauchés largement, il faut en bien indiquer les ombres principales. Les eaux, lorsqu'elles reflètent le ciel, ou les objets dont elle sont environnées, doivent se travailler avec les tons qui ont servi à l'ébauche de ces mêmes objets en observant de les rendre plus légers.

Pour obtenir l'aspect des vagues ou celui qu'offre le bouillonnement des eaux, on se sert du chiffon, de l'éponge, du grattoir et de quelques autres moyens encore appelés *ficelles* par les *rapins*. Les meilleurs et ceux qu'il faut employer, sont ceux qui réussissent le mieux lorsqu'on en fait l'essai : chacun a sa manière d'opérer, et toutes les manières sont bonnes si l'on réussit.

Les aquarellistes anglais tirent un très-grand parti de ces divers moyens, qui sont surtout utiles quand on peint d'après nature, parce qu'alors la rapidité de l'exécution devient une nécessité, et qu'en ne s'astreignant pas à réserver les lumières, on ne se trouve pas arrêté, comme on le serait si l'on devait ménager certaines parties au lieu de passer par dessus.

Ils en arrivent donc ainsi à beaucoup de franchise dans la teinte, à beaucoup de large dans l'exécution ; mais, nous le répétons, si l'on procédait de même pour des sujets de figures d'une certaine dimension, pour des portraits, on ne ferait rien de bien, car le grattoir, le chiffon ni l'éponge ne suffisant plus pour rattraper de plus larges lumières, on serait obligé de reprendre certaines parties avec du blanc, et l'on tomberait alors dans le genre mi-partie gouache et aquarelle, que nous avons signalé et qui ne saurait satisfaire aux exigences d'un aquarelliste *pur-sang*.

Dans le paysage et dans la marine on procède à peu près de même pour certaines parties.

Ainsi les ciels se font avec le cobalt ou l'outremer et parfois avec le bleu de Prusse, légèrement mélangé de laque. C'est la nature ou le modèle qu'on copie qui doit dire de laquelle de ces couleurs il faut se servir de préférence.

Supposons donc que vous ayez devant les yeux soit un paysage d'Hubert, soit une marine d'Isabey (car avant de pouvoir copier la nature il faut se familiariser avec la palette en copiant des aquarelles ou des tableaux), le motif que vous voulez reproduire vous indiquera les mélanges qui vous sont nécessaires.

Pour les tons gris et les tons bleuâtres du ciel, il faut employer le cobalt, l'outremer, le payn's-gray, la laque; les lointains doivent se faire avec les mêmes couleurs. Les effets de soleil couchant s'obtiennent avec des mélanges de jaune indien, de minium, de vermillon.

Les eaux sont ou verdâtres ou bleuâtres :

Pour ces dernières, il faut employer le payn's-gray, l'indigo, le cobalt, l'outremer et parfois un peu de sépia.

Pour les autres, on doit se servir de payn's-gray, d'indigo et d'une pointe de sépia, qu'on réchauffe ensuite avec le jaune indien, l'ocre, la terre de Sienne brûlée.

Les feuillages des arbres, s'ils sont frappés du soleil, ou s'ils s'enlèvent sur un ciel chaud, doivent participer du ton du ciel, c'est-à-dire être faits avec des tons chaudement colorés ; leurs masses éclairées demandent à être préparées avec du jaune indien, de la terre de Sienne brûlée, parfois un peu de laque ; ensuite vous reprenez dans cette première teinte, avec un ton vert que vous composerez en ajoutant à celui qui vous a servi pour vos masses lumineuses du jaune indien avec une pointe d'indigo : l'ocre peut s'y joindre avec succès si la teinte à copier semble en demander. Dans les verts plus crus, plus âpres, on peut mettre une pointe de bleu de Prusse ; dans les arbres et la végétation des seconds plans, tous les tons doivent être plus légers ; le cobalt sert pour les masses placées dans la demi-teinte ou qui s'enlèvent sur le bleu du ciel ; les lumières se glacent avec un peu de laque. Les verts bruns et noirâtres des premiers plans demandent de la terre de Sienne brûlée, de la sépia, de l'indigo.

Si la végétation que vous avez à copier est revêtue de tons brûlés comme cela arrive dans l'automne, la préparation des masses lumineuses se fait avec de la terre de Sienne brûlée pure ou mélangée de laque, ou bien encore avec du jaune indien et de la laque. Pour faire la partie ombrée de ces masses on ajoute au ton dont on vient de se servir un peu plus de Sienne brûlée avec de la sépia en y joignant une pointe d'indigo.

Le tronc des arbres bleuâtres ou violâtres se prépare avec de légères teintes de payn's-gray, d'indigo, de laque qu'on glace par places et suivant que le modèle l'indique, avec un peu de sépia, de Sienne brûlée et un léger mélange de laque et d'indigo.

Ceux qui affectent un ton brun doivent être préparés avec l'ocre, la terre de Sienne brûlée, une pointe de laque et de la sépia ; pour les retouches, il faut les mêmes tons, plus vigoureux, mais y mettre un peu plus de sépia et du payn's-gray qu'on réchauffe lorsqu'il en est besoin avec un peu de terre de Sienne brûlée et de laque.

Les terrains, les fabriques et les rochers demandent à être préparés ainsi : Pour les tons lumineux, l'ocre, la Sienne brûlée et un peu de minium et même de laque ou de brown-madder ; pour les tons d'ombre et de demi-teinte grisâtres ou bleuâtres, le cobalt plus ou moins soutenu par le payn's-gray, et parfois une pointe de laque ou de brown-madder qui rompt la crudité du cobalt, lequel entre dans presque tous les gris fins et légers. Par-dessus ces préparations, on revient avec des tons composés de payn's-gray et de terre de Sienne brûlée ou de sépia et de laque ou de Sienne brûlée mélangée d'ocre, de laque ou de payn's-gray.

Puis enfin, avec le même ton qu'on rend plus

vigoureux par une adjonction de sépia, laque et payn's-gray, on indique les ombres portées, les creux des terrains, les interstices des pierres, les anfractuosités des rochers et toutes les retouches vigoureuses qui se trouvent dans l'écorce des arbres, dans les barques, les bâtiments, les pièces de charpentes, etc.

Les enseignements qui précèdent peuvent également s'appliquer aux *intérieurs*.

Ainsi, la partie claire ou lumineuse s'obtient avec des tons jaunâtres plus ou moins mélangés de terre de Sienne brûlée, d'ocre jaune, de brown-madder, et parfois légèrement violacés, semblables à ceux dont vous devez vous servir dans les paysages et dans les marines pour rendre les terrains exposés au soleil. Quant à la partie qui se trouve dans l'ombre, elle doit être préparée avec des tons grisâtres, sur lesquels vous reviendrez avec de l'ocre mélangé de sépia, du payn's-gray réchauffé par une pointe de Sienne brûlée, de laque ou de brown-madder : observer surtout que dans un intérieur ce sont les tons gris et amortis qui règnent dans la partie ombrée.

TROISIÈME LEÇON.

Les groupes de figures ou d'animaux qui se trouvent dans un intérieur, une marine ou un paysage, doivent, avons nous dit, être dessinés soigneusement et réservés; le dessin à peu près fini, on s'occupe de les terminer.

Dans les chevaux on emploie la sépia plus ou moins chaudement colorée avec la terre de Sienne et la laque : le payn's-gray se mélange à la sépia s'il s'agit d'un cheval dont la robe est noire ou brune : si la robe du cheval est café au lait, l'ocre jaune, la laque, la terre de Sienne brûlée vous fournissent les tons nécessaires que vous assombrissez en y ajoutant une pointe de sépia.

L'âne se prépare en gris (payn's-gray) qu'on réchauffe, s'il en est besoin, avec un peu de sienne brûlée; les retouches se font avec la sépia.

Les vaches se font avec les mêmes tons qui s'emploient pour les chevaux; les retouches et le mouchetage de leur poil, soit roux ou blanchâtre, se font avec la couleur rousse, ou brune, ou noire, obtenue par l'ocre et la laque, ou la terre de Sienne brûlée, ou bien avec de la sépia plus ou moins réchauffée; ces retouches doivent se faire avec un ton assez vigoureux, épais, et mis presque à sec.

Il en est de même de certains détails dans les terrains, et de certaines arrachures qui se montrent dans les vieux plâtres et dans les murs; d'une part le pinceau presque sec pour faire la retouche, de l'autre le chiffon à l'aide duquel on enlève, et l'on peut obtenir des effets surprenants. Decamps, dans ses tableaux, nous a laissé les plus beaux modèles de ces sortes d'effets, qu'il obtenait avec le manche de sa brosse. (Ce procédé est connu sous la dénomination de *draguine.*)

Les chèvres, les moutons, se couvrent d'un ton jaunâtre, composé d'ocre que vous salissez avec un peu de sépia s'il est trop brillant; quelques tons plus roux, le museau légèrement rosé, la sépia pour les ombres vigoureuses, un peu de gris dans les parties ombrées, et enfin les lumières enlevées, soit avec l'éponge, soit avec le grattoir pour les plus brillantes, et vous pourrez rendre d'une manière satisfaisante l'animal bêlant et broutant qui donne la vie au paysage, et sur lequel s'est appuyée la réputation de Mme Deshoulières.

Les indications à suivre pour les vaches et les taureaux peuvent être suivies aussi à l'égard des chiens, dont le pelage est ordinairement tacheté de même façon.

Dans les leçons qui suivent, nous indiquerons de quelle manière il faut procéder pour les chairs, les carnations; puis, dans une autre, nous dirons quels sont les mélanges avec lesquels on obtient différentes couleurs nécessaires aux draperies, aux vêtements, aux armures, aux bijoux, etc.

L'élève devant trouver dans ces renseignements tout ce qui peut lui être utile pour amener à bien les groupes de personnages qui enrichissent les paysages, intérieurs, ou marines, de la reproduction desquels il s'occupe, nous avons pensé que tout ce que nous pourrions dire de plus ici à ce sujet serait un double emploi, c'est pourquoi nous nous abstenons. Avant de finir ce paragraphe, nous vous recommanderons de copier de préférence les aquarelles d'Hubert, en vous occupant d'abord des plus faciles, pour en arriver à celles qui devront vous offrir plus de difficultés, nul paysagiste n'ayant une manière de faire plus large, une facilité plus remarquable. Durand Brager, Wild, Ziem, Ad. Midy vous offriront de charmants modèles de marine, et, d'intérieurs que vous pourrez étudier avec fruit, jusqu'à ce qu'enfin, devenu assez fort, vous puissiez transporter un genre dans l'autre, et copier à l'aquarelle les tableaux de l'école moderne, dans laquelle se presse une myriade de talents de premier ordre.

QUATRIÈME LEÇON.

DE LA FIGURE EN GÉNÉRAL ET DES DIVERSES COLORATIONS DE CHEVEUX.

Nous avons dit que votre esquisse devait se faire avec un crayon Conté, n° 3. Lorsqu'elle est terminée, vous prenez un peu de cobalt que vous mélangez avec du brown-madder, et vous repassez avec votre trait, en le rectifiant et l'épurant; pour cette opération, votre pinceau ne doit contenir que peu de couleur, afin de ne rien perdre de sa fermeté, car il ne doit remplir ici que l'office d'un crayon.

Ensuite vous prenez une légère teinte d'indigo, avec laquelle vous massez vos ombres, en ayant soin d'adoucir très-légèrement, avec votre pinceau à fondre humide seulement et non mouillé, le contour de ce modelé.

Vos ombres étant établies, vous passez sur le tout un ton local ou teint de chair, et ce n'est que plus tard, en terminant, que vous vous occupez de la demi-teinte qui sert d'intermédiaire entre le ton local et l'ombre, et qui se fait en retouche et non pas en teinte.

Ce ton local, qui est la carnation plus ou moins chaudement colorée de l'individu, se compose d'une légère teinte d'ocre jaune, mélangé d'un peu de minium. Nous venons de dire que ce teint de chair ou ton local s'étend par-dessus tout, même sur l'ombre ; néanmoins il faut ménager le blanc des yeux, et aussi, pendant que la teinte est encore fraîche, enlever, avec un pinceau presque sec, ce qui forme le dessous de la paupière inférieure où se trouvent ordinairement des tons fins et nacrés.

Si l'on n'a pas eu ce soin, on peut remédier au mal en enlevant légèrement, avec un petit chiffon, lorsqu'on est arrivé à terminer.

La teinte incarnat qui se trouve sur les joues se fait avec de la laque et un peu de minium ; parfois une pointe de vermillon fait très-bien aussi, cela dépend de l'éclat plus ou moins vif qui distingue le modèle.

Le coloris des joues étant indiqué, on doit préparer les lèvres avec de la laque et du vermillon ; les oreilles, les narines, doivent être glacées avec une teinte un peu plus rosée que le ton local ; pour les retouches qui marquent le modelé des lèvres, l'intérieur des narines et des oreilles, il faut faire un mélange de terre de Sienne brûlée, de laque et de brown-madder ; on peut y ajouter une pointe de cobalt pour le rendre plus sourd.

En somme ce mélange doit produire un ton rougeâtre obscur, mitigé par quelque chose de jaunâtre ; la demi-teinte qui fait tourner les joues en se liant à l'ombre, se fait avec un peu de cobalt rompu avec une pointe de brown-madder ; à ce ton vous ajoutez une parcelle d'ocre jaune, vous en retouchez les ombres les plus vigoureuses des paupières, vous faites les petites retouches, ainsi que celles qui doivent exister sous les masses de cheveux accompagnant le visage. Le cou offre parfois dans l'ombre des tons roux qui doivent se faire en mettant un peu d'ocre jaune mélangé de terre de Sienne brûlée ; si, au lieu d'être jaune-roux, le cou présente un aspect verdâtre, il faut, dans le mélange, mettre plus d'ocre jaune et moins de Sienne brûlée, et comme la demi-teinte de votre cou a dû être préparée avec de l'indigo ou du cobalt rompu légèrement, votre ton jaune, mis par-dessus, vous donnera l'effet que vous voulez rendre.

Presque toutes les retouches d'une tête se font avec un pinceau peu rempli, et alors elles se fondent facilement avec l'autre pinceau, humide seulement. Avant d'en poser une seule, inspirez-vous bien de votre modèle, voyez quelle est l'inclinaison, la forme donnée à chacune d'elles, car telle retouche, mise sans soin et sans l'observation du modèle, gâte l'effet de votre tête ou le détruit, tandis que telle autre, mise avec esprit, avec sentiment, détermine la ressemblance et témoigne du goût et de la science de celui qui l'a comprise et exécutée ainsi.

Il est bien entendu que tout ce que nous venons de dire se rapporte à une carnation pure et fraîche, à un individu jeune et finement coloré.

Si l'individu était pâle (au cas où il s'agirait d'une figure de grande dimension ou d'un portrait), il suffirait d'affaiblir toutes les teintes.

Si, au contraire, on avait à reproduire un teint méridional et chaudement coloré, au lieu d'ocre et de minium, vous mettrez de la terre de Sienne brûlée, que vous modifierez, soit en y ajoutant un peu de laque, soit en y ajoutant un peu d'ocre ou de jaune indien.

Si c'est une tête de vieillard ou de vieille femme que vous avez à reproduire, dans un tiers d'ocre ou de minium, ou d'ocre mitigé d'une pointe de laque, ajoutez un peu de sépia, et vous aurez un ton local où le sang sera raréfié et qui tirera sur le grisâtre : il va sans dire que, pour les personnes basanées, les retouches doivent se trouver en rapport avec le ton local et comporter plus d'ocre ou de terre de Sienne brûlée; au reste il vous suffira de bien étudier votre modèle, vous y lirez peu à peu comme dans un livre de quel ton vous devez vous servir pour l'imiter.

Les yeux bleus se font avec un peu de cobalt,

repiqué dans l'ombre avec du payn's-gray mitigé par du brown-madder; pour les yeux bruns, prenez de la terre de Sienne brûlée, brunie par de la sépia ou éclaircie avec un peu d'ocre, puis retouchez avec la sépia.

Les sourcils se font ordinairement avec le ton le plus vigoureux des cheveux. Le dessous de la paupière supérieure est toujours un peu jaunâtre; une pointe d'ocre, mitigé par un peu de laque et de cobalt, vous donnera le ton nécessaire.

La place de la barbe est bleuâtre : c'est avec la préparation d'indigo qu'il faut l'indiquer.

Les petites figures qui se trouvent dans les marines, les paysages ou les intérieurs, n'étant là, du moins pour l'ordinaire, que des accessoires, on doit en indiquer la masse seulement, c'est-à-dire en établir franchement les ombres et les lumières, pour en bien rendre l'effet, mais on ne saurait les détailler sans faire mesquin et lourd.

Il ne s'agit donc, ainsi que votre modèle vous le dira, que de préparer les chairs avec un ton suffisamment vigoureux, et d'accentuer le nez, les yeux, la bouche, par un ton sourd composé de brown-madder, de cobalt et d'un peu de terre de Sienne brûlée; la partie ombrée du visage s'établira avec le même ton indiqué pour les têtes plus grandes, et enfin un peu de couleur rosée, rougeâtre ou jaunâtre, placée sur la partie colorée de la joue, suffira pour terminer vos figures de petite dimension. Il n'est pas besoin de dire que plus les figures sont grandes et plus le travail doit être détaillé et se rapporter à celui que nécessite un portrait.

Les cheveux blonds se massent avec du brown-madder mélangé de cobalt; les masses lumineuses se couvrent d'une teinte de jaune indien ou d'ocre jaune, mélangé de laque et d'un peu de cobalt; le même ton, plus fort, suffit aux retouches; les vigueurs les plus accentuées se font en ajoutant une pointe de sépia et de sienne brûlée.

Les cheveux bruns se préparent ainsi : pour masser les ombres noir d'ivoire et sépia, revenir avec de la terre de Sienne brûlée, du brown-madder et du cobalt mélangés; avoir soin de ménager les lumières qui doivent être glacées avec du cobalt et du brown-madder; dans les cheveux noirs ou presque noirs, mettre moins de terre de Sienne brûlée, et forcer le ton en sépia et en payn's-gray; en somme, les ombres doivent toujours renfermer un principe chaud et coloré, qui fasse valoir, par opposition, la finesse et la légèreté des lumières bleuâtres.

CINQUIÈME LEÇON.

DU MÉLANGE DES COULEURS NÉCESSAIRES AUX DRAPERIES, VÊTEMENTS, ETC.

Pour *les linges et draperies blanches*, on doit masser les ombres avec une légère teinte d'indigo ; les demi-teintes s'obtiennent avec un mélange d'ocre et de cobalt, dans lequel on introduit une pointe de laque. Si ces ombres ou ces demi-teintes demandent un peu plus de vigueur que n'en peut fournir le cobalt ou l'indigo, on peut y ajouter une pointe de payn's-gray. Ces tons doivent être réchauffés ensuite avec un mélange d'ocre jaune et de laque, car si l'on se servait d'ocre pure, les ombres et les demi-teintes étant bleuâtres, il en résulterait un ton verdâtre; la laque est donc là pour modifier l'ocre. Le ton local des draperies blanches est composé d'ocre jaune légèrement étendue; les lumières s'enlèvent à l'aide du chiffon ou du grattoir. Quelques retouches demandent à être faites avec du cobalt auquel on ajoute un peu de vermillon.

Les draperies et étoffes rouges. Masser avec un mélange de terre de Sienne brûlée et de sépia ; ensuite, avec le même ton, plus clair, modeler les demi-teintes, puis, lorsque ces retouches sont bien sèches, mettre le ton local, composé de laque et d'un peu de vermillon et de jaune indien, le tout modifié pour en arriver à rendre l'aspect du modèle.

Les étoffes violettes s'obtiennent par les mêmes procédés que les draperies rouges, en ajoutant au ton local une pointe de cobalt, de bleu de Prusse, d'indigo ou de payn's-gray, suivant le besoin.

Les draperies lilas se font comme les draperies roses, en y ajoutant du cobalt ou du bleu de Prusse.

Les étoffes roses se massent avec le brown-madder et le cobalt; éclaircir, pour les demi-teintes, et faire le ton général avec de la laque rompue par une pointe de minium.

Draperies et étoffes bleues. Les ombres des étoffes bleues se massent avec un léger ton de sepia et de terre de Sienne brûlée; les demi-teintes avec du brown-madder et du cobalt.

Si le bleu que vous avez à rendre est clair et léger, faites le ton local avec du cobalt soutenu par une pointe de bleu de Prusse, et ajoutez-y une parcelle de jaune indien, si le ton que vous avez à reproduire est un peu criard. Dans le cas où il s'agira d'obtenir un bleu plus vigoureux, après avoir fait vos retouches plus fortes, mélangez du bleu de Prusse et de la laque pour le ton local. Le drap, les molletons, les étoffes laineuses, demandent à être faits avec de l'indigo modifié par de la laque ou du brown-madder ; les retouches doivent en être faites avec la sépia, le payn's-gray et un peu de laque ou de brown-madder.

Draperies et étoffes vertes. Prenez, pour masser vos ombres, de la sépia et de la terre de Sienne brûlée, et le même ton plus clair pour vos demi-teintes.

Faites la teinte locale semblable à celle que vous devez copier, soit avec du bleu de Prusse et du jaune indien modifié par un peu de terre de Sienne brûlée, pour un vert foncé, soit avec un mélange de bleu de Prusse, de vert émeraude et de cobalt, auquel vous ajouterez du jaune indien si c'est un vert clair.

Pour les étoffes laineuses, les draps et molletons, pour les vêtements des marins et paysans, on procède de même manière que pour le vert foncé, en remplaçant le bleu de Prusse par l'indigo, qu'on obscurcit avec la sépia, ou qu'on fait tourner au violet en y ajoutant soit du payn's-gray, soit du brown-madder.

Les draperies jaunes on : mélange le noir d'ivoire et la sépia pour masser les ombres des étoffes jaunes.

Pour les demi-teintes, il faut employer le cobalt et le brown-madder ; la teinte locale s'obtient en mélangeant de l'ocre jaune et du jaune indien avec un peu de minium.

Des draperies noires ou brunes : masser vigoureusement les ombres avec du noir d'ivoire et de la sépia, et les ombres moins fortes, formant demi-teinte, avec le même ton, plus léger; le ton local d'une draperie d'un noir froid et bleuâtre se fait avec le noir d'ivoire ou de bougie, mélangé de payn's-gray, de cobalt et d'une pointe de brun rouge.

Les lumières s'enlèvent avec le chiffon mouillé, jusqu'à ce qu'on en arrive à produire l'effet du modèle. Les satins et les velours ont des plis cassants et brillants qui s'obtiennent en les enlevant, comme nous venons de le dire; seulement, les velours demandent un ton local moins bleuâtre que le satin. Les cachemires et toutes les étoffes laineuses doivent être d'un noir plus chaud et plus mat; le noir de bougie, le payn's-gray et le brun rouge mélangés rendent parfaitement ces sortes de noirs.

Les marrons, les bruns, le raisin de Corinthe s'obtiennent avec des adjonctions de terre de Sienne brûlée ou de laque mélangée de cobalt ou de sépia, réchauffée par de l'ocre ou brunie par du brown-madder et du payn's-gray.

Pour en arriver à composer tous ces tons au point nécessaire, il ne saurait y avoir de meilleur moyen que la scrupuleuse observation du modèle.

Quant à la connaissance parfaite des mélanges, elle s'acquiert par l'habitude, bien moins longue à arriver qu'on ne le penserait au premier abord. Au bout de quelque temps d'études, faites avec intelligence et bonne volonté, la palette vous deviendra familière à ce point que vous trouverez plusieurs manières de composer le même ton ; mais, bien que ce soit une difficulté vaincue, nous devons dire que celle-là n'est pas la plus grande. La justesse du coup d'œil, le sentiment de la couleur, surtout dans les études d'après nature, le goût, le sentiment, l'esprit, qui se montrent dans la manière de faire, ce que les artistes appellent *la façon*, tout cela ne peut être appris à l'élève, et dépend avant tout de son organisation. C'est pourquoi parmi tant d'individus qui se livrent à l'étude de la peinture, il y en a si peu qui s'élèvent dans les hautes régions de l'art.

SIXIÈME LEÇON.

CONSIDÉRATIONS GÉNÉRALES. — CONSEILS.

Un axiome indiscutable, c'est qu'en toutes choses rien n'est plus important que le point de départ. Dans l'étude des sciences et des arts, comme dans la vie humaine, tout dépend des commencements : un mauvais début est la chose la plus difficile à réparer.

Ne consultez donc, pour vos premières études, que les aquarelles d'artistes ayant un talent réel; étudiez-les avec conscience, cherchez à les reproduire comme couleur, comme *façon*, comme intention, et, lors même que vos premiers résultats seraient des plus médiocres, soyez assuré qu'avec le temps, en suivant cette route, vous arriverez à quelque chose de satisfaisant; tandis qu'en copiant des aquarelles de pacotille, des œuvres sans nom et sans nulle valeur artistique, vous vous éloigneriez chaque jour davantage de la bonne voie, lors même et surtout alors que les reproductions que vous en feriez pourraient vous sembler fort encourageantes.

Avec les Hubert il y a bon nombre d'artistes bons à étudier, parmi lesquels nous vous recommanderons Justin-Ouvrié, Wild, Siméon Fort,

Deshayes et plusieurs aquarellistes anglais de beaucoup de mérite.

Dans le genre *marine*, dans l'*intérieur* et dans les *animaux*, nous vous indiquerons les aquarelles de Hoguet, Hérout, Hildebrand, Ad. Midy, Dehayes et aussi quelques Bonnington, devenus bien rares dans le commerce, mais non pas cependant impossibles à trouver.

Quelques aquarelles d'Alfred Dedreux et de Th. Fort vous donneront d'excellents spécimens relatifs à la manière dont il faut attaquer *le portrait* du cheval, et, dans les paysages, intérieurs et marines, vous trouverez à reproduire une foule d'autres animaux, tels que : vaches, ânes, moutons, chiens, chats, oiseaux de basse-cour, enfin toute une ménagerie.

Le *genre* proprement dit est la dénomination dont on se sert pour indiquer les aquarelles ou les tableaux dans lesquels la figure humaine, d'une certaine dimension, joue le rôle principal.

C'est parmi cette dernière catégorie que se trouvent placés les modèles les plus difficiles à reproduire.

Nous ne nous étendrons pas ici sur le mérite reconnu de quelques rares Charlet, ni sur de ravissants Eug. Lamy, ni encore sur les pages historiques qui ont été léguées aux arts par l'aîné des frères Johannot, car ces derniers dessins surtout, soit à cause de leur trop grande importance, soit en raison du prix auquel reviendrait leur location, sont très-peu copiés, et forment, dans les cartons qui les renferment, une masse flottante de chefs-d'œuvre qui passent d'une main dans l'autre, parmi les amateurs, gens fort capricieux pour l'ordinaire, qui achètent, troquent et échangent, sans scrupule ni remords et seulement d'après leur caprice du moment, les plus magnifiques choses du monde artistique.

Nous indiquerons donc seulement deux ou trois aquarellistes dont les œuvres et les enseignements sont plus que suffisants pour former d'excellents élèves, et d'abord nous placerons Ramelet, que les arts ont perdu jeune encore, et qui nous a laissé, sinon des dessins de premier ordre, du moins des études excellentes pour les personnes qui s'occupent d'aquarelle.

A. Lacroix viendra ensuite : à la tête d'un nombreux personnel d'élèves bien situés, et pouvant, en raison de sa fécondité, ne pas leur offrir d'autres modèles que ceux qui sortent de son propre fond, il est fort recommandable dans la peinture à l'huile, et l'un des plus habiles parmi les aquarellistes. Nous ne trouverions même rien à reprendre en ses productions, n'était ce qu'on peut appeler un *poncif* de couleur, qui répand sur la plupart une teinte roussâtre un peu monotone.

Mais si ce défaut est visible, ses qualités ne le sont pas moins, et l'on ne peut guère espérer trouver de modèles meilleurs que les siens.

Enfin nous citerons, pour terminer, Ad. Midy, dont les aquarelles sont surtout remarquables par une excessive finesse de ton, et qui réunit à cette qualité précieuse une extrême vigueur de coloris, alliant ainsi, dans ses productions, deux résultats qu'on pourrait croire incompatibles.

Après avoir amplement fourni les cartons des marchands, de spirituelles compositions et de motifs où brilla, pour la première fois, le costume breton dans tout son charme primitif, cet artiste s'est dévoué à des traductions de tableaux à l'huile, qui l'ont, sans nul doute, amené à cette vigueur qui le distingue et qui doit être pour vous un sujet d'étude. Ainsi, les Moissonneurs et les Pêcheurs, d'après L. Robert; le Jean-Jacques aux Cerises, de Roqueplan; la Ronde de Mai, d'après Muller; les Scheffer, les Delaroche, les Winterhallter, qui ont été reproduits à l'aquarelle par son pinceau, pourront contribuer à vous faire doublement progresser.

Voilà donc deux aquarellistes, deux habiles professeurs dont vous pourrez suivre les conseils, et, comme nous pensons que c'est suffisant, nous n'en dirons pas davantage à ce sujet.

Lorsque nous avons composé la palette et le tableau de couleur qui accompagnent ce petit manuel, nous avons voulu le simplifier autant que possible, en n'y faisant entrer que les couleurs strictement nécessaires; pourtant il en est quelques-unes encore qui, pour n'être pas employées ordinairement, n'en sont pas moins utiles dans certains cas.

La *pierre de fiel,* entre autres, appelée *calstone* en anglais, peut vous servir dans les draperies jaunes, dans les végétations frappées du soleil; enfin cette couleur peut aussi donner de la finesse et de la transparence dans les demi-teintes jaunâtres des chairs.

Le *smalt*, d'un assez difficile emploi, trouve assez souvent sa place dans les ciels, et, lorsqu'il a été employé dans votre modèle, vous ne pourriez en rendre l'effet par aucune autre couleur.

Le *scarlett* est un rouge magnifique, mais dont on ne saurait se servir en teinte; il s'emploie parfois pour établir une vive lumière sur une draperie, pour frapper un bijou d'une étincelle brillante, etc. On ne doit pas le laisser dans la boîte qui contient les autres couleurs, d'abord parce qu'il s'altère et peut noircir, ensuite parce que le moindre contact avec le fer ou l'acier le décompose, et que la pointe d'un canif, d'un compas, l'approche d'une plume de fer ou d'une paire de ciseaux, peut le faire fondre ou le détruire complétement. Tenez-le donc à part, isolé, dans une petite boîte, et qu'il en soit de même de votre blanc, dont vous ne devez vous servir que rarement.

Nous avons dit que le papier Whatman, avec un grain fin, est celui qu'on doit préférer pour la figure et pour tous les sujets pourvus de personnages d'une certaine dimension ; mais lorsque vous aurez à reproduire l'effet qui s'obtient sur le papier *torchon* seulement, et que, pour votre modèle, on s'en sera servi, il va de soi-même que vous devrez vous en servir aussi.

Si nous n'avons rien cru devoir vous dire pour les perles et les dentelles, c'est parce que vous devrez les traiter de la même façon que les *draperies blanches*, sauf la différence de la touche, qui fait ressortir les lumières des perles, qu'on peut empâter avec un peu de blanc, après en avoir marqué les ombres avec des tons gris et bleus, et les demi-teintes avec un ton jaunâtre.

Les aciers se préparent avec des bleus gris légers, revenus avec une pointe d'ocre, qui les verdit légèrement ; leurs demi-teintes demandent parfois du noir mélangé dans le ton d'ombre. L'acier, comme le cuivre et comme tout ce qui est luisant et poli, doit avoir de très-vives lumières, et participer de la couleur des objets environnants.

Nous ne quitterons pas la plume sans vous recommander aussi de ne jamais négliger les détails les plus petits.

Un joli effet dans le ciel, la brisure d'une feuille de quelque grande herbe placée en premier plan, une arrachure marquant la vétusté du mur, la boue du chemin, qui s'est inscrite sur la chaussure du paysan, la poussière qui couvre d'un voile grisâtre certains détails du terrain, la paillette lumineuse qu'attache un rayon de soleil à la pointe de la baïonnette du soldat, rien de tout cela ne doit être omis, car ce sont ces détails qui donnent la vie aux imitations de la nature.

DU COLORIAGE DES LITHOGRAPHIES A L'USAGE DES PERSONNES QUI NE SAVENT PAS DESSINER.

OBJETS NÉCESSAIRES. — EXERCICES INDISPENSABLES.

A la ville comme à la campagne, l'hiver comme l'été, il est un amusement qu'on peut prendre, un petit talent qu'on peut acquérir. Ce petit talent est celui à l'aide duquel on en arrive à colorier des lithographies, telles que : fleurs, figures, animaux, paysages, marines, etc.

Les personnes qui désirent apprendre le coloriage doivent d'abord se munir de tous les objets indiqués pour l'aquarelle, seulement il suffit de prendre un assortiment de couleurs françaises qui seront excellentes si vous les achetez chez Berville ou Cabasson, Susse ou Giroux, Binant ou Pirmet, ou enfin chez Saint-Martin, Colcomb Bourgeois et Esnault, car, toutes ces maisons, si bien connues des amateurs et des artistes, ne tiennent que les couleurs de première qualité.

Les premières leçons doivent se prendre sur du papier rayé ou carroyé largement; on y étend différentes teintes en faisant attention de ne pas dépasser, et de ne pas tacher; pour remplir une raie par exemple, vous devez commencer à poser votre pinceau en haut de la feuille en l'appuyant sur la gauche; puis, lorsque vous avez bordé un petit bout de ce côté avec un pinceau assez plein pour que la couleur reste quelques instants mouillée, vous remplissez prestement l'espace vide entre vos deux raies; en arrivant à votre droite vous tenez le pinceau perpendiculairement, car s'il était couché, son ventre rempli de couleur vous ferait dépasser malgré vous la ligne qui doit vous servir de limite; ensuite vous revenez vers la gauche et vous reprenez dans la teinte humide encore, car si vous lui aviez donné le temps de sécher ou qu'elle n'eût pas été étendue avec un pinceau assez plein, la couleur fraîche que vous posez ne pouvant se mêler à celle qui serait séchée, produirait d'ignobles taches que rien ne pourrait faire disparaître.

Lorsque vous en serez arrivé à conduire dans vos raies et dans vos carreaux les teintes qui doivent les remplir, même les plus sombres et les plus épaisses sans faire de taches, ni sans altérer la pureté des contours, vous pourrez prendre des costumes : plusieurs feuilles en noir et une semblable en couleur qui vous servira de modèle, et vous vous exercerez à en reproduire fidèlement l'aspect.

PRÉPARATION DU PAPIER.

Les lithographies étant ordinairement tirées sur papier non collé, il est indispensable de lui faire subir la préparation appelée encollage, sans laquelle la couleur passerait au travers.

Voici la manière de faire cet encollage : ayez pour cinq centimes de colle de Flandres, pour autant de savon blanc sans odeur, et pour autant encore d'alun en poudre ; faites fondre votre colle avec votre savon râpé dans une quantité d'eau équivalent à une bouteille, et mettez le tout sur le feu dans un vase de terre ou de fer-blanc, en ayant soin de remuer jusqu'à ce que le savon et la colle soient complétement fondus ; alors vous y ajouterez l'alun en poudre, qui en se dissolvant donnera à votre encollage la blancheur et l'opacité du lait. Puis vous passerez le liquide, et vous y ajouterez l'eau nécessaire pour faire six bouteilles; vous les boucherez et les mettrez au frais afin de vous en servir au besoin.

A l'aide d'un gros pinceau appelé blaireau, vous passerez doucement l'encollage sur vos feuilles que vous aurez posées à plat sur une table revêtue de papier gris très-propre.

Lorsque vous verrez que votre lithographie est bien traversée partout et surtout aux endroits où se trouve le crayon, vous la laisserez se ressuyer quelques instants à plat sur du papier gris, puis vous la ferez sécher à cheval sur une corde aussi garnie de papier gris, et vous traiterez successivement toutes les autres de la même façon.

Vos feuilles une fois séchées, il pourrait arriver que le papier se montrât rétif par trop d'encollage et refusât de prendre la couleur, vous prendriez alors un peu de fiel de bœuf et vous en mettriez seulement un soupçon dans chacune des teintes dont vous auriez à vous servir ; un peu d'eau-de-vie remplace le fiel avec avantage lorsqu'on n'a pas à faire à du papier trop vigoureusement encollé. Pour tout le reste les renseignements donnés pour l'aquarelle doivent suffire ; surtout ne rompez pas autant vos couleurs, employez-les plus crues, plus vives, le crayon lithographique mettant dans vos tons un élément qui qui les assourdit suffisamment.

FIN.

TABLE DES MATIÈRES.

Pages.

Des artistes distingués en aquarelle. 3

PREMIÈRE LEÇON.

Des objets nécessaires. 6
Choix du papier. 6
Emploi du stirator. 7
Planchette, éponge et colle. 7
Pinceaux. 9
Verres et soucoupes. 10
Palette. 11

DEUXIÈME LEÇON.

Esquisse, ébauche, sujets de genre, d'intérieur, de marine et de paysage. 12

TROISIÈME LEÇON.

Les animaux. 21

QUATRIÈME LEÇON.

De la figure et des cheveux. 24

CINQUIÈME LEÇON.

Mélange des couleurs. 30

SIXIÈME LEÇON.

Considérations générales.. 35
Coloriage des lithographies. 42

FIN DE LA TABLE.

Paris. — Impr. de POMMERET et MOREAU, 17, quai des Augustins.

Bibliothèque artistique par J. [illegible]

à 1 fr. le volume et 1 fr. 50 [illegible]

LA MINIATURE apprise seule. — Un vol. in-8º avec planches d'étude.

LE PAYSAGE ET L'ORNEMENT appris sans maître. — Un volume in-8º orné de planches d'étude.

LE PASTEL appris sans maître. — Un vol. in-8º orné de planches d'étude.

LE DESSIN appris sans maître. — Un vol. in-8º avec planches d'étude.

LA PEINTURE A L'HUILE apprise sans maître. — Un vol. in-8º avec planches d'études.

L'AQUARELLE apprise sans maître. — Un vol. in-8º orné de planches d'étude.

LE MODELAGE appris sans maître. — Un volume in-8º orné de planches d'étude.

LA PHOTOGRAPHIE apprise sans maître. — Un volume in-8º orné de planches d'étude.

TRAITÉ DE COLORIS appris sans maître.

PEINTURE SUR PAPIER DE RIZ apprise sans maître. — Un vol. avec planches d'étude.

MANUEL artistique et industriel contenant les Traités de DESSIN industriel, de Morphographie, des Ombres, Hachures et Estompes, de Géométrie, etc., avec 22 planches d'étude.

TRAITÉ DE TAXIDERMIE, ou l'Art de mégir, de parcheminer, d'empailler, de monter les peaux de tous les animaux, de prendre, préparer et conserver les Papillons et autres Insectes, précédé des procédés GANNAL. — 4e édition.

MANUEL DU CHANTEUR, PHYSIOLOGIE du CHANT, par STEPHEN de la MADELEINE, ex-Récitant de la Chapelle royale. — Un volume.

LE BONHEUR DANS LA FAMILLE, ou l'Art d'être heureux dans toutes les positions de la vie, suivies de Traités d'utilité et d'agrément avec planches d'étude.

MANUEL DU SAVOIR-VIVRE, ou l'Art de se conduire selon les convenances et les usages du monde, dans toutes les circonstances de la vie et dans les diverses régions de la Société.

MANUEL HYGIÉNIQUE DES BAIGNEURS, emploi raisonné des bains chauds, froids, de vapeur, simples, composés et de mer; des Eaux thermales de France et de l'Etranger, leurs propriétés curatives et les saisons spéciales de chaque source, etc. 2e édition.

MANUEL DU COMMERÇANT, Tenue des Livres en partie double et simple.

DEVOIRS DES ENFANTS ET DES JEUNES GENS, par P. Vattier. Un vol. in-12.

TRAITÉ DE LA PATINOTECHNIE, ou l'Art de patiner, par A. Covilbeaux, professeur attaché à l'Instruction publique. Un vol. grand in-18, orné de 15 belles lithographies.

LE DUEL DU CURÉ, charmante nouvelle tirée d'un épisode de 1848, par M. De Chastelus. Un vol. grand in-18.

PEINTURE LITHOCHROMIQUE, ou Imitations sur toile, et l'Art de donner aux objets dessinés au crayon, à l'estompe, aux lithographies, gravures, etc., l'apparence d'une jolie peinture à l'huile, suivie des procédés pour peindre et décalquer sur le bois et les écrans et d'obtenir, avec un petit nombre de couleurs, toute espèces de nuances. 5e édit., 75 c.

PEINTURE ORIENTALE, ou l'Art de peindre sur papier, mousseline, velours, bois, etc., et de décalquer sur verre, suivie de la Peinture sur porcelaine, sur verre et sur cristaux, 3e édition, grand in-18. 75 c.

Paris. — Imprimerie de POMMERET ET MOREAU, 17, quai des Augustins.

www.ingramcontent.com/pod-product-compliance
Ingram Content Group UK Ltd.
Pitfield, Milton Keynes, MK11 3LW, UK
UKHW021510260726
13993UKWH00004B/1631

9 782019 970185